HO
O
OH

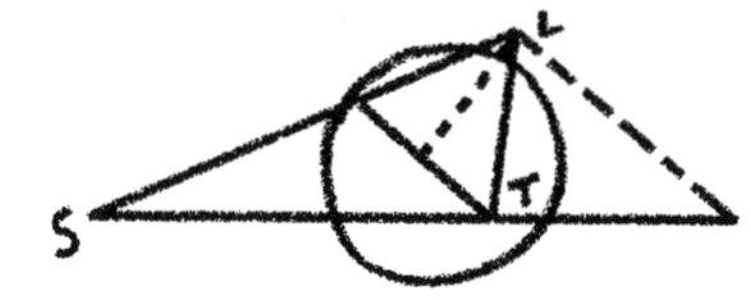

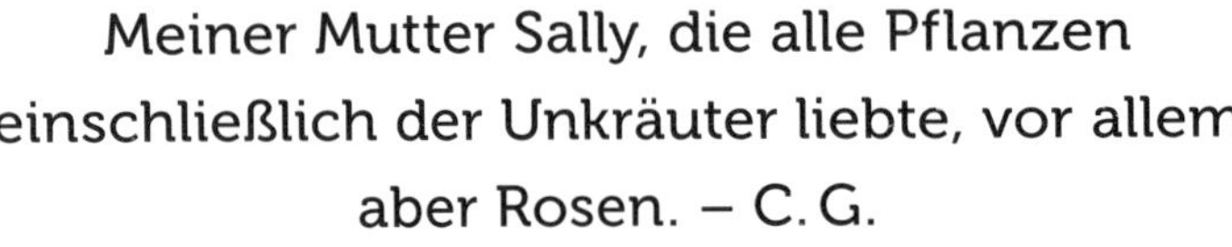

Meiner Mutter Sally, die alle Pflanzen einschließlich der Unkräuter liebte, vor allem aber Rosen. – C. G.

Meinem besten Freund Mikołaj – G. H.

Dieses Buch ist Teil unseres Programms E. A. SEEMANNs BILDERBANDE.
Es umfasst Bücher und Spiele, die Kindern mit viel Spaß die bunte Welt der Kultur eröffnen: Kunst, Architektur, Archäologie und Kulturgeschichte, Technik, Tiere, Musik, Oper, Theater und Tanz.
Die BILDERBANDE macht Bücher zum Entdecken, Geschichten zum Vorlesen und Spiele.

seemann-henschel.de
instagram.com/seemann_henschel_verlagsgruppe
facebook.com/seemann.henschel
pinterest.de/seemann_henschel

Erstmals veröffentlicht 2022 unter dem Titel *Powered by Plants*
von Wide Eyed Editions, einem Imprint der Quarto Group

Projektleitung: Caroline Keller
Übersetzung: Cornelia Panzacchi, Göttingen
Lektorat: Lena Danielmeyer, Nora Schröder
Satz: Gudrun Hommers, Berlin
Gedruckt in China

Bibliografische Information der Deutschen Nationalbibliothek
Die Deutsche Nationalbibliothek verzeichnet diese Publikation in der Deutschen Nationalbibliografie; detaillierte bibliografische Daten sind im Internet über http://dnb.dnb.de abrufbar.

ISBN 978-3-86502-517-3

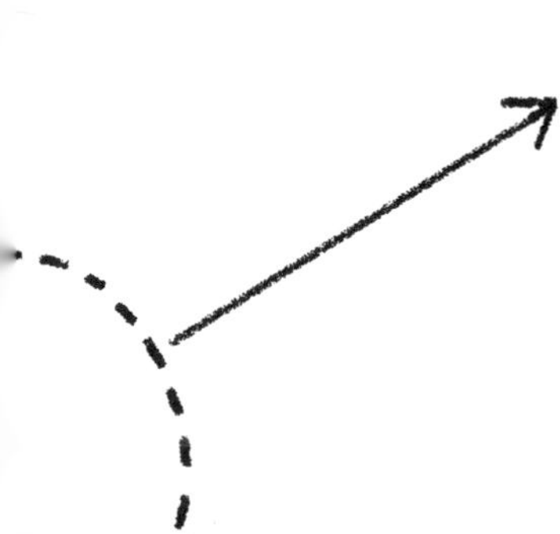

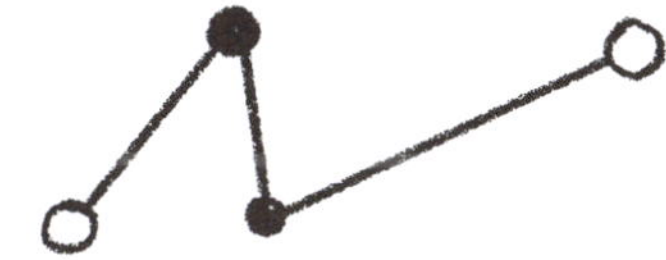

Clive Gifford • Gosia Herba

GENIALE POWER-PFLANZEN

VORBILDER FÜR UNSERE ZUKUNFT

Aus dem Englischen von Cornelia Panzacchi

E. A. SEEMANNs BILDERBANDE

INHALT

GESUNDHEIT

NACHHALTIGKEIT

MATERIALIEN

LIEBE LESERIN, LIEBER LESER,

wusstest du, dass neue, besser schützende Sturzhelme nach dem Vorbild der Zitrusfrucht Pomelo konstruiert wurden? Oder dass Kokospalmen als Inspiration für erdbebensichere Gebäude dienen? Und dass Weidenbäume Mittel gegen Schmerzen liefern?

In diesem Buch lernst du krasse Pflanzen mit erstaunlichen Eigenschaften kennen! Du erfährst, wie wir Pflanzen euch Menschen damit zu neuen Erfindungen und Lösungen für schwierige Probleme anregen. Wie kann man einen schadstoffarmen Treibstoff entwickeln und wie schützt man die Feldfrüchte vor Schädlingen – das sind nur zwei der vielen Fragen, auf die wir im Pflanzenreich Antworten liefern.

Tja, kein Wunder, schließlich sind wir seit Millionen von Jahren unglaublich ökologisch unterwegs: Wir recyceln Nährstoffe und verbessern Böden. Wir passen uns an die unterschiedlichsten Lebensräume an, und allmählich beginnt ihr Menschen, von uns zu lernen.

Finde heraus, welche genialen Methoden sich die Menschen von uns abgeschaut haben, um mit Mücken fertig zu werden, Dinge umweltfreundlich zu verpacken oder Schiffe zu bauen, die mit weniger Treibstoff auskommen.

Ich verspreche dir: Von nun an wirst du Blumen, Bäume und Wasserpflanzen mit ganz anderen Augen sehen!

Mit herzlichen Grüßen,

deine Steppenhexe Kali

REISEN
Pflanzen
RAUMFAHRT
MARS

··· Bambus ···

WUNDERMATERIAL

Ich bin die am schnellsten wachsende Pflanze der Welt – an einem einzigen Tag bis zu 90 Zentimeter! Das soll mir mal jemand nachmachen! Meine ebenfalls rasant wachsenden Verwandten und ich stammen aus Asien, wo wir dichte Dickichte bilden. Unsere jungen Sprossen schmecken euch Menschen gut. Aber noch besser schmecken sie dem Großen Panda, der täglich bis zu 35 Kilogramm Bambus verspeist. So ein Gierschlund!

Meine hohlen, holzigen Stängel sind leicht, aber sehr stark und gleichzeitig biegsam. Fachleute bezeichnen das als „Zugfestigkeit". Die Menschen nutzen mich schon seit Jahrtausenden. Sie machen aus mir Pfeil und Bogen, Angelruten und Möbel, aber auch Häuser und sogar große Brücken! In Teilen Asiens baut man aus mir heute noch leichte, aber starke Gerüste, die beim Bau von Hochhäusern eingesetzt werden.

Die alten Chinesinnen und Chinesen haben unglaublich viele Dinge aus mir gemacht. Bevor es Papier gab, schnitten sie mich in Streifen, um daraus Notizbücher zu binden. Auch stellten sie aus meinen Stängeln Flöten her. Und vor über 1000 Jahren kamen sie auf die Idee, Bambusstängel mit Schwarzpulver zu füllen. So wurde ich die erste Feuerwerksrakete der Welt!

Vor einigen Jahren entwickelten chinesische Forschende einen leichten, atmungsaktiven Stoff aus meinen Fasern. Er trocknet schneller als Baumwolle und ist umweltfreundlicher als die aus Erdöl hergestellten Stoffe Polyester und Acryl. Weil ich ohne viel Chemie gedeihe und wenig Wasser brauche, bin ich wesentlich nachhaltiger als Baumwolle.

Ich werde bis zu 35 Meter hoch und sehe dann beinahe aus wie ein Baum, tatsächlich aber bin ich das nützlichste Gras der WELT!

… Kletterpflanzen …

ROBUSTE RANKEN

Seit Jahrtausenden nutzt ihr Menschen uns als Verbindungsmaterial bei der Konstruktion von Brücken und anderen Bauwerken. Wir sind eine große Familie von Hunderten von Kletterpflanzenarten – unsere Stängel und Äste sind lang und biegsam. Und wir sind alle schwindelfrei! Vielleicht kennst du einige von uns ja schon, wie etwa Efeu, Passionsblume, Blauregen, Waldrebe und Wilder Wein.

Beim Wachsen verankern wir uns auf verschiedene Weisen. Manche von uns wickeln sich um Äste, Stängel oder Stämme anderer Pflanzen. Andere, wie der Wilde Wein, bilden so etwas wie Klebepads aus, mit denen sie sich an verschiedene Untergründe heften.

Die Menschen im Altertum machten aus uns starke Seile, indem sie immer mehrere Ranken miteinander verflochten. Damit bauten sie einfache Hängebrücken über Schluchten und Flüsse. Mit unseren Ästen banden sie Baumstämme oder Schilfbündel zu Flößen zusammen. Oder sie verbanden damit Holzteile, um Boote zu bauen. Oder sie knüpften unsere langen Stängel um große Felsbrocken, um sie zu dem Ort zu transportieren, an dem sie aus ihnen Tempel und Paläste errichteten.

Die Stahlkabel, die vor etwa 200 Jahren aufkamen, wurden nach dem Vorbild der alten Rankenseile hergestellt. Viele miteinander verzwirnte Stahldrähte sind super stabil – sogar noch stabiler als wir. Sie tragen das Gewicht riesiger Hängebrücken und der auf ihnen rollenden Fahrzeuge. Oder helfen in mächtigen Kränen beim Bewegen enormer Lasten. **Wenn du das nächste Mal auf einer Baustelle einen Kran siehst, weißt du, was seine Stahlseile mit uns Kletterpflanzen gemeinsam haben.**

… Kokospalme …

ERDBEBENSICHERE PFLANZE

Ich bin der berühmteste Baum der Tropen. Salzwasser kann meinem Holz nichts anhaben, deshalb baut ihr Menschen daraus Häuser und Boote. Meine anmutigen Wedel werden bis zu 6 Meter lang. Man kann sie als Dachabdeckung verwenden, aus den Blattteilen Taschen und Matten flechten oder Speisen in sie einwickeln, um sie zu braten. Ich werde bis zu 30 Meter hoch und bis zu 80 Jahre alt.

Weltberühmt aber bin ich wegen meiner Frucht: der Kokosnuss. Jede Saison bringe ich bis zu 75 dieser Früchte hervor. Unter der Außenschicht liegt die haarige Schale. Aus ihren „Coir" genannten Fasern stellt man stabile Seile, Körbe, Matten und Bürsten her. Der Rauch brennender Kokosnussschalen vertreibt die Mücken. Damit ist meine Frucht schon ganz schön nützlich, findest du nicht?

Unter all dem faserigen Zeug ist eine harte, hölzerne Schale. Sie enthält Kokoswasser, das man unbehandelt trinken kann. Je reifer die Kokosnuss, desto weniger Wasser, dafür umso mehr Fruchtfleisch enthält sie. Das weiße Fleisch schmeckt lecker, man kann daraus aber auch Öl herstellen.

Die äußeren Schalen meiner Früchte wurden früher kaum genutzt. Jetzt aber fanden Forschende heraus, dass sie Zellen in leiterartigen Anordnungen enthalten. Diese machen die Schale stabiler und verhindern, dass die Frucht beim Aufprall Risse bekommt und aufplatzt. Wenn man ähnliche Strukturen in Beton einfügen könnte, würden sie Gebäude erdbebensicher machen. Sie könnten verhindern, dass die Gebäude brechen, sobald sich die Erde bewegt. **Wenn die Natur eine geniale Lösung gefunden hat, sollt ihr Menschen sie übernehmen! Kokos-cool, oder?**

… Amazonas-Riesenseerose …

SUPERSTRUKTUR

Der deutsche Botaniker Thaddäus Haenke entdeckte mich 1801 im Amazonas-Regenwald. Meine Samen wurden nach Europa mitgenommen, doch gelang es keinem Gärtner, mit ihnen zu züchten. Erst der Engländer Joseph Paxton hatte damit Erfolg. Zu meiner ersten Blüte in Großbritannien 1849 kam sogar Königin Victoria, um sie zu bewundern.

Mister Paxton hatte nicht nur einen grünen Daumen, sondern war auch ein kluger Ingenieur. Nach meinem Vorbild entwarf er 1851 eine Ausstellungshalle und siegte damit über die Entwürfe von 233 anderen Architekten. Die Halle wurde Crystal Palace genannt. Sie bestand aus einem Gerüst aus Eisenrippen und sehr vielen Glasplatten und war über fünfmal länger als ein Fußballplatz. **Sie regte auch andere Architekten dazu an, nach Vorbildern aus der Natur zu bauen.**

Mister Paxton war von meinen riesigen Blättern fasziniert. An der Oberseite sind sie wie mit Wachs überzogen, an der Unterseite werden sie von starken Rippen gestützt, die von der Blattmitte her strahlenförmig nach außen verlaufen. Deshalb sind meine Blätter so stabil. Paxton führte das vor, indem er seine 7-jährige Tochter Annie auf eines meiner Blätter stellte: Wir gingen beide nicht unter!

Pomelo

CRASH-TEST-FRUCHT

Ich bin ein Baum, der aus China und Südostasien stammt, aber ich gedeihe auch in anderen warmen Gebieten. Mein Stamm kann sich im Wachstum verdrehen und trägt eine Krone mit immergrünen Blättern. Meine Früchte sind vor allem in China beliebt. Anderswo sind sie weniger bekannt, was sehr schade ist, weil sie wirklich fantastisch sind. Ich zeige dir, warum.

Pomelos sind die größten und schwersten Zitrusfrüchte der Welt. Sie können so groß wie ein Basketball und bis zu 2 Kilogramm schwer werden. Zitronen, Orangen und Mandarinen schaffen das nicht! Die Schale ist gelbgrün, das Fleisch schmeckt frisch und manchmal süß. Anders als Grapefruits sind Pomelos nur sehr selten bitter.

Wenn solch eine schwere Frucht aus einer 15 Meter hohen Baumkrone fällt, müsste sie doch eigentlich zerplatzen. Weit gefehlt! Jede Pomelo hat einen eingebauten Stoßdämpfer. Unter der gelben Schale liegt ein dichtes Netz aus Zellen und Hohlräumen, das ein bisschen wie ein Schwamm aussieht. Zur Mitte der Frucht hin sind die Hohlräume außer mit Luft auch mit Saft gefüllt. Wenn die Frucht auf dem Boden aufschlägt, werden die Hohlräume zusammengepresst und fangen die Wucht des Aufpralls auf. Die Frucht bleibt ganz!

Meine sensationellen Eigenschaften fielen den Autobauern auf. Nach meinem Vorbild entwickeln sie neue Schäume aus Metalllegierungen, die Stöße besser auffangen als andere Materialien. Diese Schäume könnte man außer in Autos auch in Sturzhelme und Schutzkleidung einbauen. **Dann würde bei Unfällen weniger passieren und es würde weniger Verletzungen geben!**

PFLANZEN-ARCHITEKTUR

Schon seit Langem lassen sich Architektinnen und Architekten von der Natur inspirieren. Manches aufregende Bauwerk hat eine besondere Pflanze und ihre einzigartigen Eigenschaften zum Vorbild.

Lotusblüte

TOLLER TEMPEL

Ich bin eine Sumpfpflanze und meine großen Blüten haben zum Bau vieler Gebäude angeregt. Eines der großartigsten ist der Lotus-Tempel in Delhi, Indien. Seine 27 mit weißem Marmor verkleideten Wände sind wie meine Blütenblätter angeordnet. Rings um den Tempel wurden neun Teiche angelegt, die die Form meiner Blätter haben. Sie bewirken, dass der Tempel aussieht, als würde er über dem Wasser schweben ... genau wie ich!

Calla

FLOWER-POWER

Ich bin eine sehr hübsche Zierpflanze aus dem südlichen Afrika. Meine tütenförmige Blüte umgibt einen Kolben, an dem sich meine Samen entwickeln. Als es neue Gebäude brauchte, baute das New Energy Institute in Wuhan, China, mich einfach nach! Die äußeren Bauten sind blattförmig, das innere Gebäude ist hoch und weiß – genau wie meine Blüte. Sein Dach ist mit Solarpaneelen überzogen, und der auf ihm thronende gelbe Turm erinnert an meinen Kolben. Aber dieser Turm erzeugt mithilfe einer eingebauten Windturbine Elektrizität.

Palme

UNVOLLENDET

Mein kräftiger Stamm und meine Wedel inspirierten den spanischen Architekten Antoni Gaudí. Er entwarf einen wahren Wald aus Steinsäulen, die die Decke seiner Kathedrale Sagrada Familia in Barcelona stützen. Die Säulen sehen wie mein Stamm aus und verzweigen sich oben, wie meine Krone. Das hilft ihnen, ihre schwere Last zu tragen. Seit 1882 bauen die Menschen an dieser einzigartigen Kirche!

Spinnenlilie

DER HÖCHSTE TURM

Ich bin eine Wüstenpflanze mit langen Blütenblättern. Der Aufbau meiner Blüte wurde zur Vorlage für das höchste Gebäude der Welt: der 828 Meter hohe Burj Khalifa in Dubai. Seine dreigliedrige Struktur leitet Winde ab, sodass er nicht schwankt. Außerdem kann man so von sehr viel mehr Räumen dieses 160-stöckigen Turms aus einen fantastischen Ausblick haben!

Steppenhexe

LANGSTRECKENLÄUFERIN

Es gibt noch andere Pflanzen, die gerne durch die Landschaft rollen, wie der Fuchsschwanz oder die Ungarische Rauke – ich finde allerdings, dass ich es am besten kann. Ursprünglich stamme ich aus Russland, konnte mich aber über einen Großteil der USA verbreiten. Solange ich jung bin, haben mich Rinder und Präriehunde zum Fressen gern, doch im Alter werde ich holzig und stachelig. In manchen Gegenden bin ich ein Problem, da ich durch mein Herumtollen große Landstriche erobert habe.

Mein schlechter Ruf könnte sich jedoch ändern. Denn Forschende, die fremde Planeten erkunden, fangen an, sich für mich zu interessieren. Rover auf Rädern kommen auf dem Mars nur sehr langsam voran. Der Perseverance Rover der NASA etwa schafft höchstens 150 Meter pro Stunde. Ein Rover, der mir ähnelt, könnte von Winden über die Marsoberfläche gerollt werden. Das wäre mal was! So ein Apparat würde sich sehr schnell fortbewegen, zumal Winde auf dem Mars Geschwindigkeiten von 100 Kilometern pro Stunde erreichen!

Das Team Tumbleweed in Österreich hat so eine Maschine entworfen. Die jungen Forschenden bauen 5 Meter hohe Techno-Steppenhexen vollgepackt mit wissenschaftlichen Instrumenten. **Sie vermuten, dass ein Steppenhexen-Rover in 3 Wochen mehr als die Hälfte der Nordpolregion vom Mars untersuchen könnte. Das nenne ich mal flotte Forschung!**

… Bergahorn …

SAUSENDE SAMEN

Ich bin nicht nur verdammt hübsch, sondern auch ganz schön nützlich! Ich bin ein hochwachsender Laubbaum mit kräftigen Wurzeln, die mich fest im Boden verankern. Oft pflanzt man mich als Windbrecher an sehr windigen Stellen. Mein Holz ist hart und stabil. Es ist perfekt, um daraus Möbel, Löffel, Spatel und anderes Küchengerät zu machen. Raupen lieben meine Blätter und Bienen finden in meinen kleinen Blüten reichlich Nektar und Pollen.

Forschende haben sich in meine wirbelnden Samen verliebt. Ich produziere im Jahr 10.000 davon. Was so besonders an ihnen ist? Sie haben Flügel!

Wenn sich meine Samen vom Zweig lösen, drehen sie sich im Wind wie die Rotoren eines Hubschraubers. Zum Glück wird Samen nicht schwindelig! Auf diese Weise schweben sie langsam zu Boden, anstatt sofort hinunterzufallen. Weil sie dabei mehr Zeit in der Luft verbringen, kann der Wind sie auch weiter wegpusten. Es ist gut, dass viele meiner Samen weiter wegfliegen. Denn so haben die Bäumchen, die aus ihnen keimen, mehr Platz zum Wachsen.

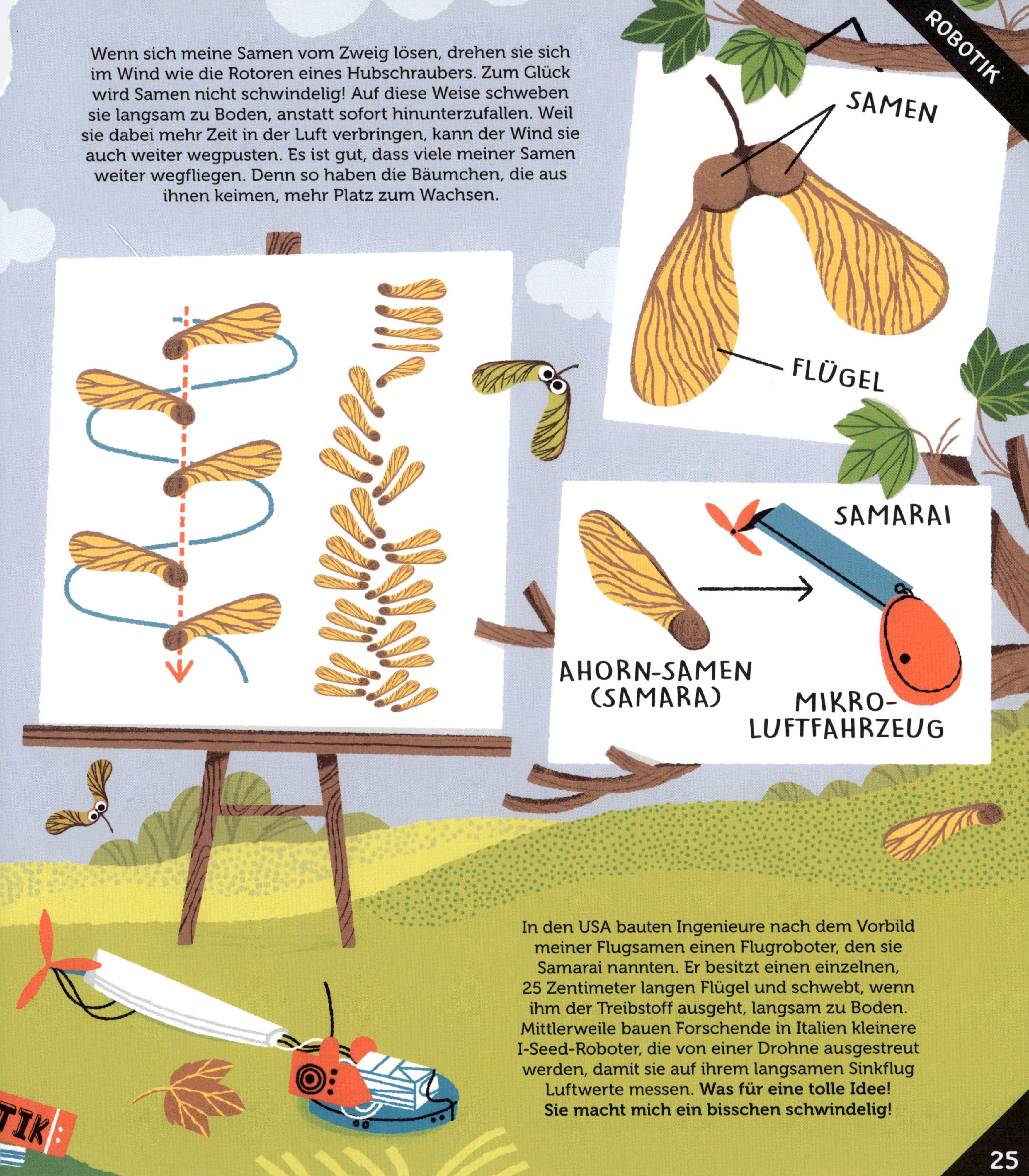

In den USA bauten Ingenieure nach dem Vorbild meiner Flugsamen einen Flugroboter, den sie Samarai nannten. Er besitzt einen einzelnen, 25 Zentimeter langen Flügel und schwebt, wenn ihm der Treibstoff ausgeht, langsam zu Boden. Mittlerweile bauen Forschende in Italien kleinere I-Seed-Roboter, die von einer Drohne ausgestreut werden, damit sie auf ihrem langsamen Sinkflug Luftwerte messen. **Was für eine tolle Idee! Sie macht mich ein bisschen schwindelig!**

... Venusfliegenfalle ...

SCHNELLE SCHNAPPERIN

Es gibt nur eines, das ich mehr liebe als die Sonne, und das ist ein leckeres Insekt ... oder eine Spinne! Ich lebe in Nordamerika an Stellen, an denen der Boden nicht der Beste ist – er hat zu wenig Nährstoffe. Um mir zu holen, was ich brauche, gönne ich mir ab und zu eine Extraportion Ameisen, Käfer, Spinnen oder Heuschrecken. Gelegentlich vielleicht sogar einen jungen Frosch. Mmmh!

Wie ich das anstelle? Ich lasse mir einfach ein paar Fangblätter wachsen. Sie sind 2,5 bis 5 Zentimeter lang und bestehen aus zwei durch ein Gelenk verbundene Platten. Weil sie nach süßem Nektar duften, locken sie Insekten an. An den Platten sitzen Fühlborsten. Berührt ein kleines Tier einige davon, ist sein Schicksal besiegelt.

Diese Fühlborsten sind extrem empfindlich und rasiermesserscharf. Nur 1 bis 2 Tausendstel Sekunden, nachdem sie eine Berührung wahrgenommen haben, klappen die zwei Platten zusammen. ZACK! Das dauert nur 1 Zehntelsekunde. Um meine Beute zu verdauen, brauche ich viel länger: normalerweise etwa 4 Tage.

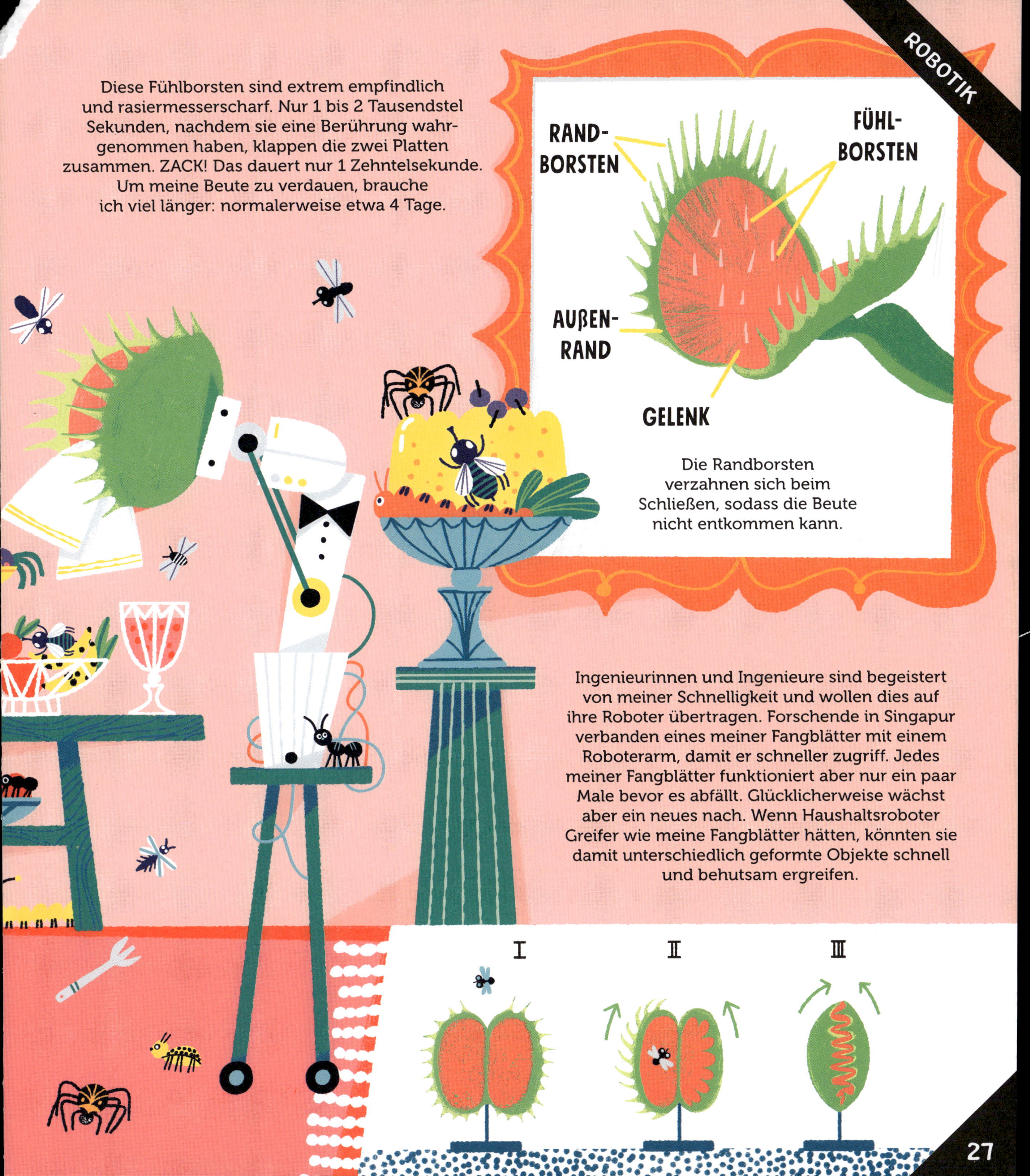

Die Randborsten verzahnen sich beim Schließen, sodass die Beute nicht entkommen kann.

Ingenieurinnen und Ingenieure sind begeistert von meiner Schnelligkeit und wollen dies auf ihre Roboter übertragen. Forschende in Singapur verbanden eines meiner Fangblätter mit einem Roboterarm, damit er schneller zugriff. Jedes meiner Fangblätter funktioniert aber nur ein paar Male bevor es abfällt. Glücklicherweise wächst aber ein neues nach. Wenn Haushaltsroboter Greifer wie meine Fangblätter hätten, könnten sie damit unterschiedlich geformte Objekte schnell und behutsam ergreifen.

Mimose

KITZLIGE BLÄTTER

Ich stamme aus Mittel- und Südamerika, aber man kann mich inzwischen auch an vielen anderen Orten der Welt finden. Ich bin ein niedrig wachsender Strauch mit scharfen Dornen an Stamm und Zweigen. Meine leuchtend hellrosa Blüten sehen wie Puderquasten aus, noch interessanter findet ihr Menschen aber meine Blätter.

MIMOSEN-SPINNER

SPINN-MILBE

Jedes meiner Blätter besteht aus 30 bis 40 Blättchen. Bei Berührung falten sie sich zusammen. Dazu senke ich einfach blitzschnell den Wasserdruck in ihren Gelenkzellen und sie hängen zusammengefaltet schlaff herab. Dann sehe ich schüchtern und traurig aus. Als Naturforscherinnen und Naturforscher mich entdeckten, gaben sie mir den Namen „schamhafte Mimose".

Warum ich das tue? Leider gibt es viele Tiere, die meine Blätter lieben. Ich möchte sie aber lieber an meinen Stängeln behalten, als dass sie in deren Mägen landen! Indem ich meine Blätter zuklappe und erschlaffen lasse, wirke ich weniger lecker. Außerdem sieht man dann meine Dornen besser. Tiere bevorzugen saftige Blätter, also suchen sie sich ihr Mittagessen woanders, wenn ich so schlapp aussehe. Ich habe aber ein paar teuflische Feinde: Spinnmilben und die Raupen des Mimosenspinners spinnen meine Blättchen so ein, dass sie nicht einklappen können. Dann saugen sie den Saft aus, bis meine armen Blättchen absterben. Grrrrr!

Die Art, in der ich meine Blätter mit Wasserdruck öffne und schließe, bringt Robotik-Forschende auf neue Ideen. Sie versuchen, Roboter mithilfe von Flüssigkeiten dazu zu bringen, sich schnell zu bewegen, ohne viel Energie zu verbrauchen. Ideal wären Roboter, die ihre Form verändern können, um unterschiedliche Aufgaben zu erfüllen. Ich finde, man sollte sie Mimosen-Roboter nennen!

ROBOTER-PFLANZEN

Roboter sind unglaublich vielseitig. Viele von ihnen können stundenlang ohne menschliche Aufsicht arbeiten. Andere erkunden gefährliche Orte oder übernehmen in Fabriken langweilige Arbeiten mit perfekter Präzision und ohne Pipi-Pause! Robotik-Forschende suchen in der Pflanzenwelt nach Inspirationen für neue Formen und Techniken, um Roboter weiterzuentwickeln.

Tulpe

SICHERER GRIFF

Dieser weiche Robotergreifer ist von der länglichen Form meiner Blüte inspiriert. Er kann sich um jede Objektform schließen. Dank seiner Saugkraft kann er zerbrechliche und unregelmäßig geformte Objekte heben, die bis zu 100-mal schwerer als er selbst sind.

Flamingoblume

PFLANZEN-DROIDEN

Ich wachse wie die meisten Topfpflanzen auf das Sonnenlicht zu. Forschende versuchen, uns als Roboter-Lichtsensoren einzusetzen. Der Elowan ist eine Kombination aus einem Roboter und mir: Ich sitze auf einem Roboter auf Rädern. An meinen Stängeln und Blättern werden Elektroden befestigt. Aua! Wenn ich Licht wahrnehme und das über meine Stängel signalisiere, senden die Elektroden Signale an den fahrbaren Untersatz ... und ich fahre auf das Licht zu!

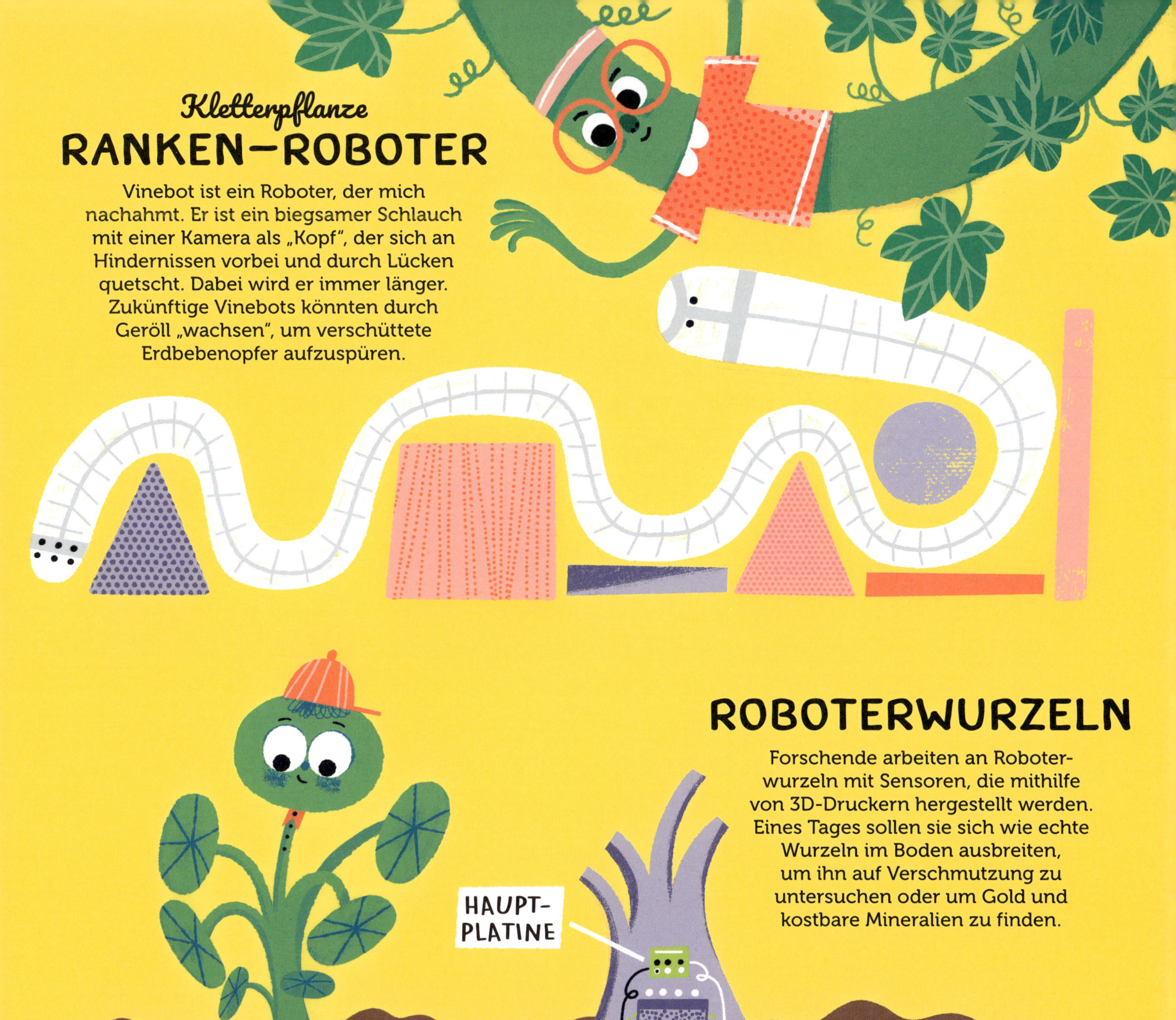

Kletterpflanze
RANKEN-ROBOTER

Vinebot ist ein Roboter, der mich nachahmt. Er ist ein biegsamer Schlauch mit einer Kamera als „Kopf", der sich an Hindernissen vorbei und durch Lücken quetscht. Dabei wird er immer länger. Zukünftige Vinebots könnten durch Geröll „wachsen", um verschüttete Erdbebenopfer aufzuspüren.

ROBOTERWURZELN

Forschende arbeiten an Roboterwurzeln mit Sensoren, die mithilfe von 3D-Druckern hergestellt werden. Eines Tages sollen sie sich wie echte Wurzeln im Boden ausbreiten, um ihn auf Verschmutzung zu untersuchen oder um Gold und kostbare Mineralien zu finden.

HAUPT-PLATINE

ROBOTER-WURZEL

SENSOREN

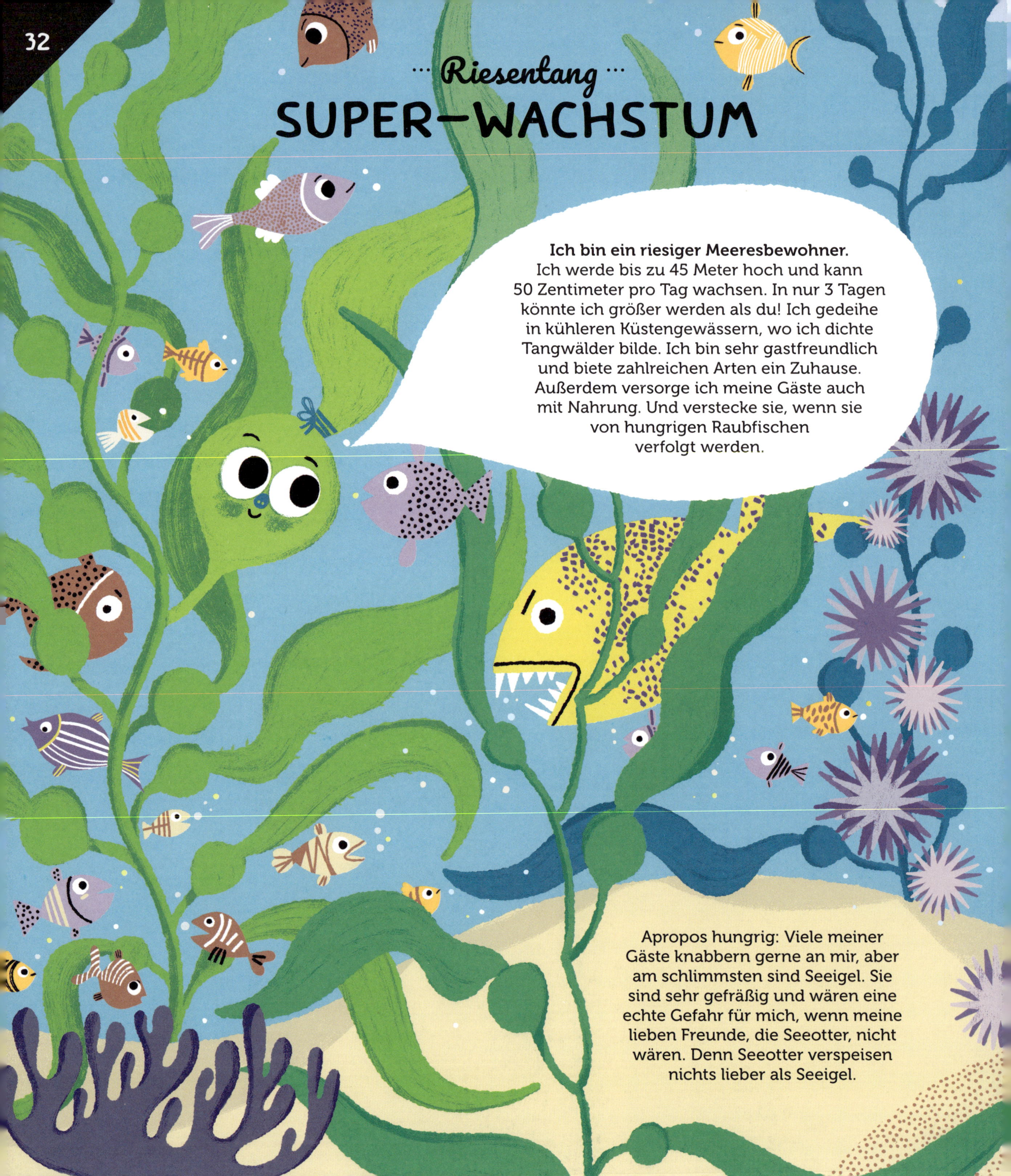

··· Riesentang ···

SUPER–WACHSTUM

Ich bin ein riesiger Meeresbewohner. Ich werde bis zu 45 Meter hoch und kann 50 Zentimeter pro Tag wachsen. In nur 3 Tagen könnte ich größer werden als du! Ich gedeihe in kühleren Küstengewässern, wo ich dichte Tangwälder bilde. Ich bin sehr gastfreundlich und biete zahlreichen Arten ein Zuhause. Außerdem versorge ich meine Gäste auch mit Nahrung. Und verstecke sie, wenn sie von hungrigen Raubfischen verfolgt werden.

Apropos hungrig: Viele meiner Gäste knabbern gerne an mir, aber am schlimmsten sind Seeigel. Sie sind sehr gefräßig und wären eine echte Gefahr für mich, wenn meine lieben Freunde, die Seeotter, nicht wären. Denn Seeotter verspeisen nichts lieber als Seeigel.

Ich habe keine Wurzeln, dafür aber Haftorgane, die wie Anker sind. Sie heften sich an Felsen am Meeresboden und verhindern, dass die Strömung mich fortspült. An meinen blattähnlichen Wedeln, den Phylloiden, sorgen mit Gas gefüllte Blasen dafür, dass ich im Wasser hin- und herschwebe. Gleichzeitig helfen sie mir, zur Wasseroberfläche hinzuwachsen. So bekomme ich mehr Sonnenlicht, das ich in für mich notwendige Nährstoffe umwandeln kann.

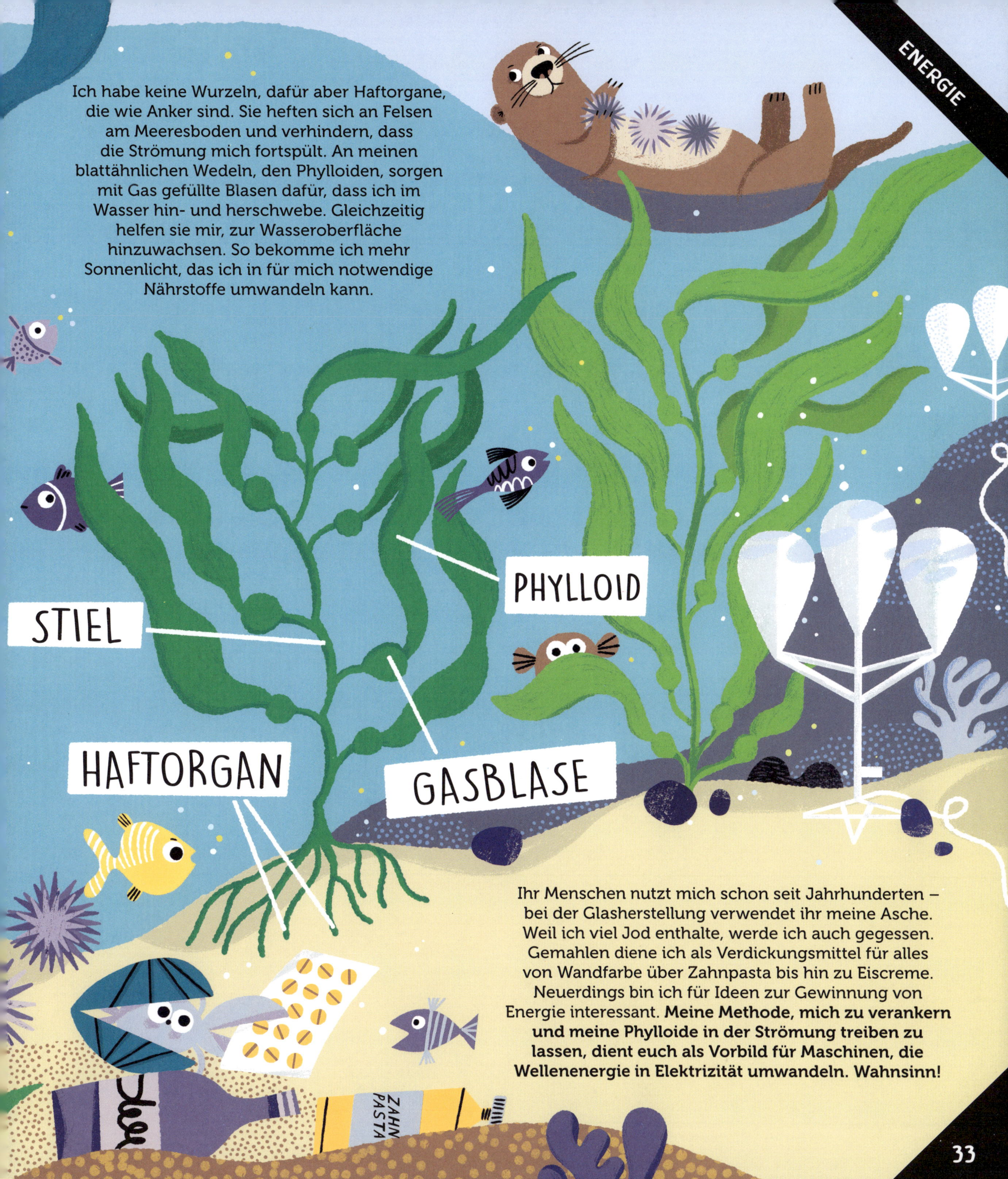

Ihr Menschen nutzt mich schon seit Jahrhunderten – bei der Glasherstellung verwendet ihr meine Asche. Weil ich viel Jod enthalte, werde ich auch gegessen. Gemahlen diene ich als Verdickungsmittel für alles von Wandfarbe über Zahnpasta bis hin zu Eiscreme. Neuerdings bin ich für Ideen zur Gewinnung von Energie interessant. **Meine Methode, mich zu verankern und meine Phylloide in der Strömung treiben zu lassen, dient euch als Vorbild für Maschinen, die Wellenenergie in Elektrizität umwandeln. Wahnsinn!**

Zuckerrohr

ANTRIEB FÜR ALLE

Wie du bestimmt weißt, verursachen fossile Brennstoffe wie Erdöl und Erdgas große Probleme. Bei ihrer Verbrennung entstehen Treibhausgase wie Kohlendioxid. Sie bewirken, dass die Erdatmosphäre mehr Hitze speichert, die wiederum unseren Planeten erwärmt und den Klimawandel verursacht. Zum Glück habt ihr aber mich. Ich kann helfen!

Ich bin ein Gras mit einem sehr festen Stängel, der 5 Zentimeter breit und bis zu 6 Meter hoch wird. Seit 10.000 Jahren kauen Menschen gern auf mir herum, weil ich süß schmecke. Seither sind alle ganz verrückt nach meinem Zucker und heute zähle ich zu den meistangebauten Nutzpflanzen. Ich gedeihe überall dort, wo es warm und feucht ist. Der Saft aus meinen ausgequetschten Stängeln wird erhitzt, abgekühlt und gereinigt. Das Ergebnis ist Rohrzucker, mit dem du Getränke süßen oder Kuchen backen kannst.

Ich bin extrem saftig. So sehr, dass mein Saft bis zu 90 Prozent meines Gewichts ausmacht. Diese Flüssigkeit kann man durch einen Gärung genannten Prozess auch zu Bioethanol verarbeiten statt zu Zucker. Bioethanol ist ein Alkohol, der als Treibstoff verbrannt werden kann, um Energie zu gewinnen. Er setzt dabei weniger Treibhausgase frei als fossile Brennstoffe. Sogar aus meinen zerquetschten Stängeln kann man noch Bioethanol gewinnen. Ist das nicht fantastisch?

In manchen Ländern fahren die Busse mit Bioethanol. Oder es wird dem Benzin beigemischt, das alle benutzen. In Brasilien fahren viele Motorfahrzeuge nur mit Bioethanol aus Zuckerrohr. Wenn man weniger Zucker und mehr Bioethanol produzieren würde, könnte ich im Kampf gegen den Klimawandel eine noch größere Hilfe sein. Wäre das nicht ... süß?

··· Titanenwurz ···

MEGA-STINKERIN

Warum ich diesen Gestank verbreite? Weil der Geruch nach fauligem Fleisch bestimmte Fliegen und Käfer anlockt. Wenn sie um mich herumschwirren und auf mir herumkrabbeln, nehmen sie Pollen auf und tragen sie zu den Blüten meiner Artgenossinnen, genau wie sie mich bestäuben. Auf diese Weise pflanzen wir Titanenwurze uns fort.

Sobald ich blühe, stehen lange Menschenschlangen vor den botanischen Gärten, die mich beherbergen. Meine Blüte ist deshalb so ein Spektakel, weil ich von Natur aus ausschließlich auf der indonesischen Insel Sumatra vorkomme. Man bewundert mich nicht nur, weil ich schrecklich stinke, sondern auch, weil ich als die größte Blume der Welt gelte. Mein dunkelrotes Hochblatt rahmt einen bis zu 3 Meter hohen Blütenkolben ein, an dem Hunderte von kleinen Blüten sitzen.

Übrigens erzeuge ich, wenn ich blühe, nicht nur Gestank, sondern auch Wärme. Forschende nennen das Thermogenese und untersuchen die chemischen Reaktionen, die bewirken, dass die Spitze meines Blütenstands um 15 Grad wärmer ist als die umgebende Luft. Sie glauben, dass meine Wärme dafür sorgt, dass sich mein Gestank weiter ausbreitet. Und fragen sich, ob sie nach meinem Vorbild energieeffiziente Pflanzen züchten könnten: Pflanzen, die schneller wachsen und deren Anbau nicht so viel Arbeit macht.

··· Algen ···

TREIBSTOFF DER ZUKUNFT

Platz da, Zuckerrohr! (Seite 34–35) Wir Algen sehen vielleicht unscheinbar aus, aber wir könnten der bahnbrechende Treibstoff der Zukunft sein. Derzeit sucht man nach Möglichkeiten, uns in ölige Brennstoffe zu verwandeln, die Erdöl und Kohle ersetzen könnten. Unter günstigen Bedingungen wachsen wir das ganze Jahr über sehr schnell. Das bedeutet, dass man uns in großen Mengen ernten und zu Treibstoff verarbeiten könnte.

Es gibt Tausende von Algentypen. Die meisten von uns leben im Wasser. Hättest du gedacht, dass es mehr Algen in den Meeren gibt als Sterne im Universum? Manche sind so winzig, dass man sie nur unter dem Mikroskop sehen kann, wie Phytoplankton. Andere sind sehr groß und werden von vielen Menschen gern gegessen, wie Nori und Lappentang.

Ohne uns würde euch etwas Wichtiges fehlen, denn wir erzeugen etwa die Hälfte des Sauerstoffs in der Erdatmosphäre. Auch im Meer gäbe es ohne uns kein Leben, denn wir stehen am Anfang der Nahrungsketten. Und wie dankt ihr uns? Gar nicht! Ihr schimpft nur, weil wir manchmal Umweltprobleme verursachen. Total unfair!

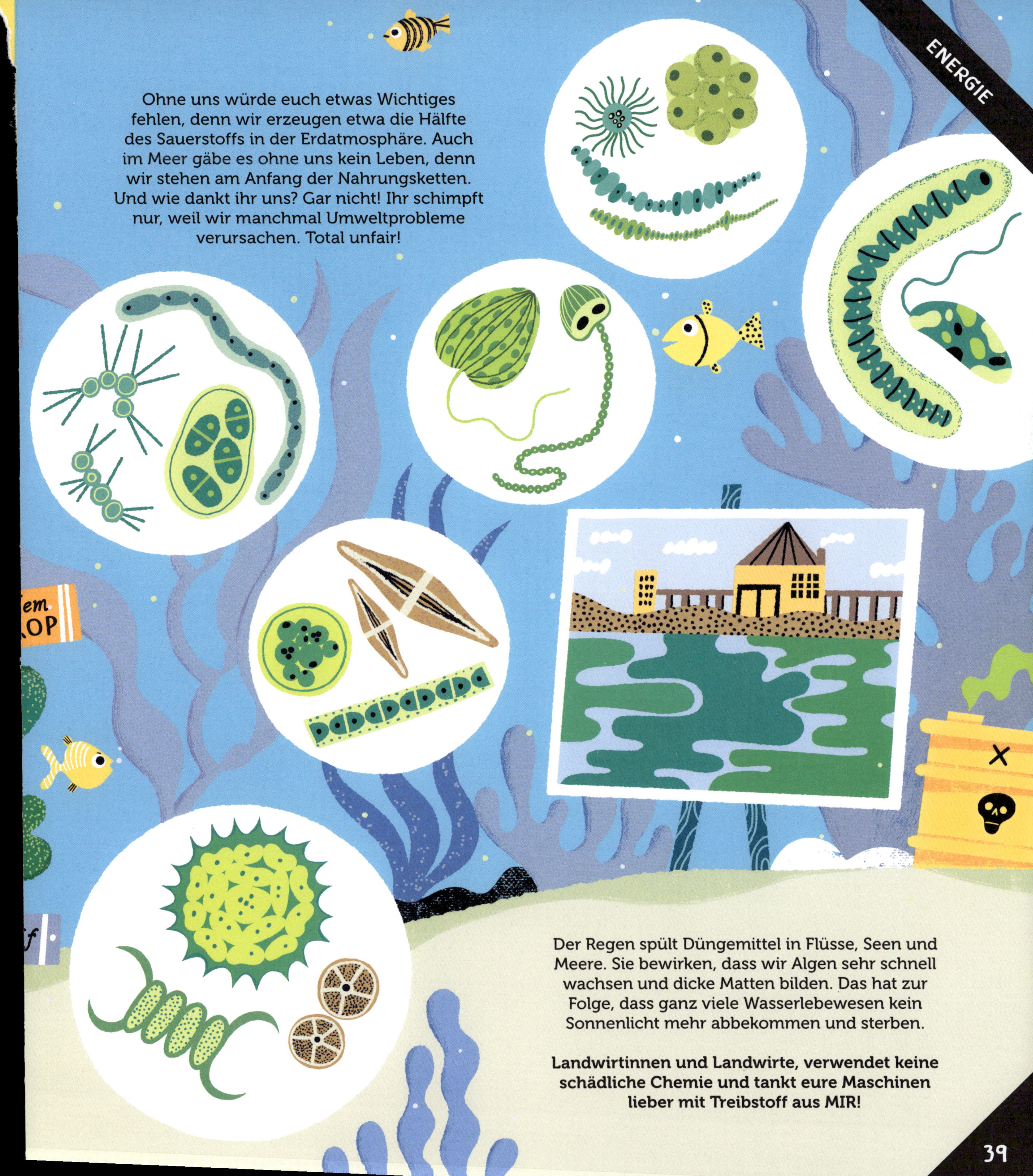

Der Regen spült Düngemittel in Flüsse, Seen und Meere. Sie bewirken, dass wir Algen sehr schnell wachsen und dicke Matten bilden. Das hat zur Folge, dass ganz viele Wasserlebewesen kein Sonnenlicht mehr abbekommen und sterben.

Landwirtinnen und Landwirte, verwendet keine schädliche Chemie und tankt eure Maschinen lieber mit Treibstoff aus MIR!

Sonnenblume

SONNENANBETERIN

Die meisten Pflanzen lieben die Sonne. Aber ich VEREHRE sie! Am besten gedeihe ich, wenn ich täglich 6 bis 8 Stunden direktes Sonnenlicht abbekomme. Bei mehr Stunden geht es mir sogar noch besser. Ich werde 2, 3 oder gar 4 Meter groß. 2014 wurde eine Sonnenblume in Deutschland unglaubliche 9,17 Meter – so hoch wie ein dreistöckiges Haus. Ein Weltrekord!

Meine Blätter und Stängel sind rau und behaart, aber meine großen, leuchtend gelben Blüten wirken sehr elegant. Jede „Blume" besteht aus bis zu 2000 Blüten, in denen sich später die Samen entwickeln. Die nennt ihr „Sonnenblumenkerne" und esst sie oder presst daraus ein Öl zum Kochen oder für Seife.

Die Anordnung meiner Einzelblüten ergibt ein Muster, das man Fermatsche Spirale nennt. Die Forschung fand heraus, dass es besonders viel Energie bündelt. Zukünftige Solarwärmekraftwerke könnten ihre Reflektoren auf diese Weise anordnen, um möglichst viel Wärme aufzunehmen und in Energie umzuwandeln.

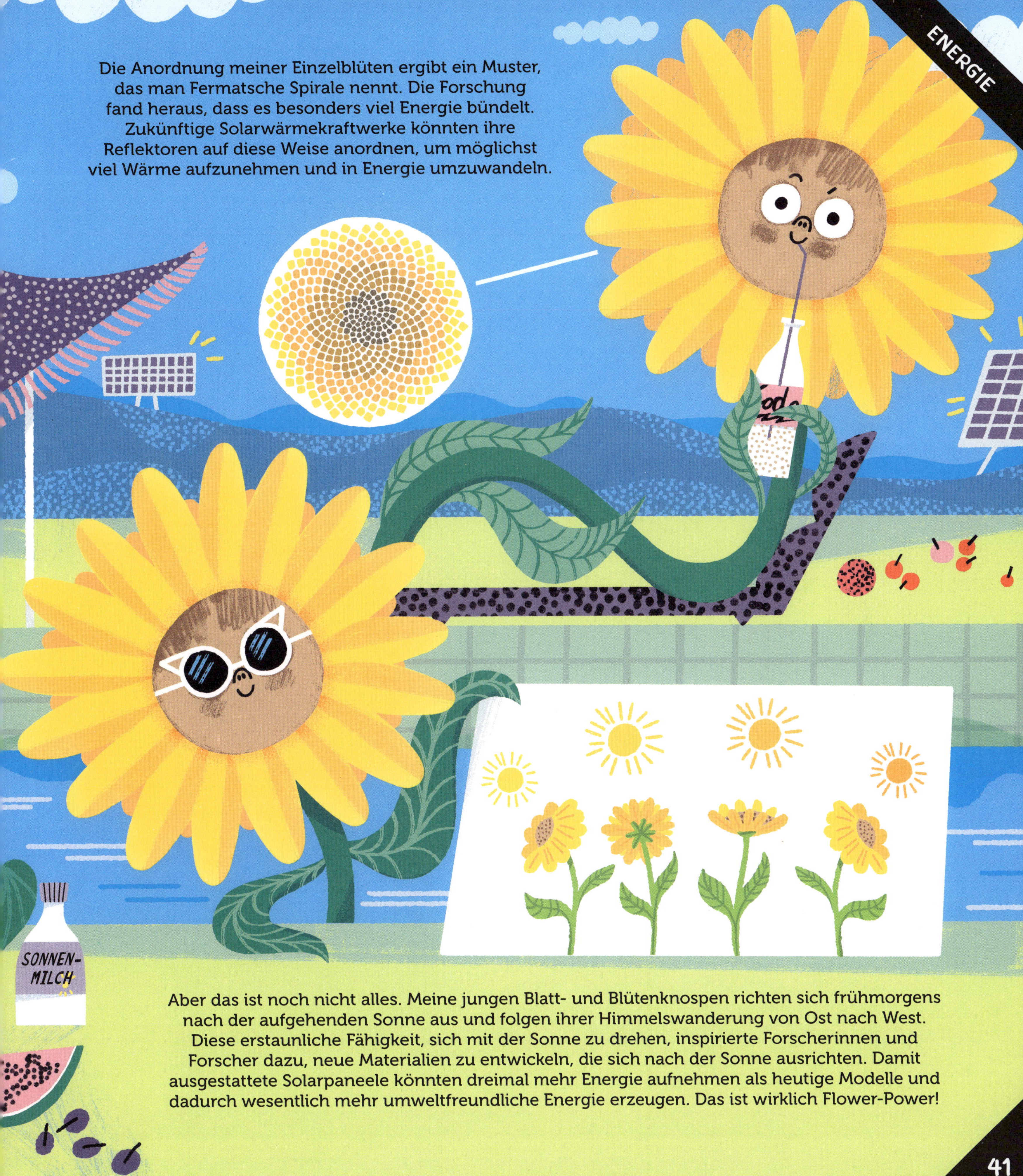

Aber das ist noch nicht alles. Meine jungen Blatt- und Blütenknospen richten sich frühmorgens nach der aufgehenden Sonne aus und folgen ihrer Himmelswanderung von Ost nach West. Diese erstaunliche Fähigkeit, sich mit der Sonne zu drehen, inspirierte Forscherinnen und Forscher dazu, neue Materialien zu entwickeln, die sich nach der Sonne ausrichten. Damit ausgestattete Solarpaneele könnten dreimal mehr Energie aufnehmen als heutige Modelle und dadurch wesentlich mehr umweltfreundliche Energie erzeugen. Das ist wirklich Flower-Power!

Kanadische Schwarzpappel
WINDKRAFT-BAUM

Von allen nordamerikanischen Laubbäumen wachse ich am schnellsten. Ich kann pro Jahr um 2 Meter Höhe zulegen und werde bis zu 30 Meter hoch. Aufgrund meines raschen Wachstums ist mein Holz leicht und weich. Die Menschen stellten früher daraus Kisten und Rahmen für Flugdrachen her. Also kann auch mein Holz fliegen!

In meiner breiten Krone hängen Tausende herzförmiger Blätter, die im Wind an den Zweigen zittern. Forschende fanden heraus, dass ein Wind, der mit 16 Kilometern pro Stunde durch meine Blätter weht, etwa 80 Watt Energie erzeugt. Sie bauten eine Miniatur von mir – „meine“ Blätter hängen an Stäben, die durch die Bewegungen der Blätter Strom erzeugen.

Windenergie produziert überall auf der Welt saubere Elektrizität, ohne die Umwelt zu verschmutzen. Bis jetzt sehen Windturbinen oder Windräder noch wie riesige Windmühlen oder Hubschrauberpropeller aus. Aber vielleicht könnten die Menschen Windkraftwerke bauen, die so sind wie ich: nämlich effektiv und gleichzeitig schön. Das wäre doch baumstark, oder?

UMWELTREINIGER

Die Verschmutzung von Luft, Wasser und Boden ist ein SEHR großes Problem. Zum Glück gibt es Pflanzen, die gefährliche Substanzen aufsaugen oder aber Luftverschmutzung in ihrer Umgebung anzeigen. Einige von ihnen sind bereits im Einsatz.

Moos

UMWELTSCHWAMM

Ich kann schädliche Gase wie Kohlendioxid und Schwefeldioxid, aber auch Feinstaub in mich aufnehmen. Seit das bekannt ist, baut man in manchen Städten mit Moos überzogene Wände, damit ich dort die Luft säubere.
Ein britischer Student entwarf sogar spezielle Fliesen aus Moos und Schaumstoff, um die Luft in Innenräumen zu reinigen. Man muss mich nur ab und zu mit Wasser zu besprühen.

Rinorea niccolifera

METALLSCHLUCKER

Ich bin ein kleiner Baum, der erst 2014 auf der philippinischen Insel Luzon entdeckt wurde. Aber ich habe Superkräfte, denn ich kann das giftige Metall Nickel aus der Luft und dem Boden aufnehmen, ohne dass es mir schadet. Es gibt auch noch andere Pflanzen, die giftige Metalle in sich aufsaugen. Gemeinsam könnten wir helfen, verseuchte Böden zu reinigen.

Friedenslilie
HAUSHALTSHILFE

Ebenso wie meine Topfpflanzenkumpel Farn, Grünlilie und viele andere mehr reinige ich die Luft in Gebäuden. Meine wachsartigen, immergrünen Blätter nehmen schädliche Stoffe wie Benzol und Kohlenmonoxid auf. Sogar die US-Weltraumbehörde NASA hat das bestätigt. Und mit meinen weißen Blüten sehe ich auch noch toll aus!

Zwergmispel
SUPERSTRAUCH

Ich bin Klassenbeste! All die Abgase der Kraftfahrzeuge machen mir nichts aus. Tests an Straßenrändern beweisen, dass ich 20 Prozent mehr Umweltverschmutzung aufnehmen kann als andere Sträucher. Wenn also entlang der Straßen überall Zwergmispelhecken wüchsen, wäre die Luft spürbar sauberer.

··· Weide ···

SCHMERZKILLERIN

Meine Krone mit ihren herabhängenden Zweigen ist mein besonderes Kennzeichen. Sie bietet Vögeln viel Platz zum Nisten und Rehe und Hirsche fressen sehr gerne meine Blätter. Ich bin einer der ersten Bäume, die im Frühjahr frisches Laub tragen, und einer der letzten, die im Herbst ihre Blätter verlieren.

Ich bin aber auch einer der durstigsten Bäume überhaupt. Meine Wurzeln breiten sich unter der Erde weit aus, um möglichst viel Feuchtigkeit aus dem Boden zu ziehen. Oft pflanzt man mich dort, wo es Überschwemmungen gab, weil ich den Boden trockne und befestige.

Meine Rinde besitzt Heilkräfte! Wenn die alten Ägypter Zahnschmerzen hatten, kauten sie Weidenrinde. Schwangere im antiken Griechenland taten dasselbe. Denn meine Rinde enthält einen natürlichen Wirkstoff, der auf menschliche Nervenenden schmerzstillend wirkt. Man nennt ihn Salizin. Vor etwa 200 Jahren entdeckten europäische Chemiker diesen Stoff und gewannen daraus Salizylsäure.

Salizylsäure war ein gutes Mittel gegen Muskel- und Gelenkschmerzen. Doch es schmeckte grauenhaft und viele Leute bekamen davon Magenprobleme. 1897 entwickelten deutsche Chemiker eine Version mit weniger Nebenwirkungen: das Aspirin. Bald war es viel bekannter als ich. Heute ist es das meistgenutzte Schmerzmittel weltweit. Jedes Jahr werden über 100 Milliarden Aspirintabletten geschluckt.

Eukalyptusbaum

FÖRSTER UND INSEKTENFEIND

Ich bin der beste Freund der Koalabären. Sie leben in meiner Krone und mampfen meine Blätter. Aber ich bin ihnen deshalb nicht böse, denn Blätter habe ich wirklich genug! Von mir gibt es viele Arten, die hauptsächlich in Australien heimisch sind, aber auch anderswo vorkommen. Einer von uns ist ganze 100 Meter hoch. Er ist wirklich riesig!

Ich habe viele Farben. Meine blaugraue Rinde blättert in Streifen ab, darunter liegt die gelbe Borke. Manchmal sickert aus meinem Stamm rötliches Harz. Meine Blüten haben keine Blütenblätter. Sie bestehen nur aus dünnen Staubblättern, weshalb sie ein bisschen wie winzige Feuerwerke aussehen. Je nach Art sind die Blüten pink, weiß oder gelbgrün.

Doch ich habe noch mehr Besonderheiten. Meine Blätter und meine Rinde enthalten eine farblose Substanz namens Cineol. Sie bewirkt, dass ich so frisch rieche, und schützt mich vor hungrigen Insekten und anderen Tieren. Cineol hält alle fern – nur Koalas und Östliche Ringelschwanzbeutler können kiloweise Eukalyptusblätter fressen, ohne Bauchschmerzen zu bekommen.

Forschende fanden heraus, dass Cineol Bakterien und Keime tötet, weshalb man damit Wunden reinigen kann. Und weil viele Insekten einen großen Bogen um mich machen, soll ich dort gepflanzt werden, wo es viele Mücken gibt. Die verbreiten nämlich Malaria und andere schlimme Krankheiten. Ich bin ja ein sehr durstiger Baum und sauge mit meinen Wurzeln die stehenden Gewässer trocken, in denen sie brüten – so können sie sich nicht mehr vermehren. **Damit bekämpfe ich sie auf doppelte Weise.**

DIE PFLANZENAPOTHEKE

Seit Tausenden von Jahren nutzen Menschen unsere Heilkräfte. Sie fanden heraus, wie Rinde, Beeren, Blätter oder Wurzeln Schmerzen lindern oder Krankheiten heilen können und gaben dieses Wissen weiter. Heute enthält mehr als ein Zehntel der meistverwendeten Medikamente pflanzliche Stoffe.

Fingerhut

ALLES IM TAKT

Ich bin eine sehr mächtige Pflanze mit Stängeln voller hübscher glockenförmiger Blüten. Und ich enthalte ein Gift, mit dem früher gerne gemordet wurde. Doch dieses Gift, Digitalis genannt, ist – in kleinen Mengen eingenommen – ein sehr wichtiges Herzmedikament. Es verlangsamt den Herzschlag und macht ihn gleichzeitig kräftiger. Dadurch pumpt das Herz mehr Blut durch den Körper.

KREBS-BEKÄMPFERIN

Die rötliche Rinde, die meinen langsam wachsenden Stamm bedeckt, wurde in den 1960er und 1970er Jahren gründlich untersucht. Dabei fand man heraus, dass sie eine Paclitaxel genannte Substanz enthält, die sich als Mittel gegen Krebs bewährt hat.

Madagaskar-Immergrün

LEUKÄMIE–MITTEL

Ich bin immergrün, sehr hübsch, und auf der Insel Madagaskar heimisch. Ein aus meinen Blättern gewonnener Wirkstoff, Vinblastin genannt, kann Leukämie bei Kindern bekämpfen. Derzeit versucht man, in Labors größere Mengen davon künstlich herzustellen. Denn um nur 1 Gramm Vinblastin zu erhalten, braucht man 500 Kilogramm meiner getrockneten Blätter!

Goji-Beeren

PARASITEN–FEIND

Ich bin eine asiatische Pflanze, die jedes Jahr unzählige Beeren hervorbringt. In Asien werde ich schon lange für Heilzwecke genutzt, doch bald bekomme ich wohl eine neue Aufgabe. Eine aus meinen Beeren gewonnene Substanz scheint die winzigen Würmer zu töten, die Verursacher der Krankheit Bilharziose sind. An dieser schrecklichen Krankheit sterben jedes Jahr weltweit über 240 Millionen Menschen. Wie wunderbar wäre es, sie zu besiegen!

... *Mangrove* ...
SALZHELDIN

Ich lebe im Grenzgebiet zwischen Land und Meer. An den Küsten von über 110 Ländern bilde ich dichte Wälder, die zusammen mehr Fläche einnehmen als Griechenland. Als einziger Baum der ganzen Welt vertrage ich Salzwasser. Manche Mangrovenarten saugen das Salz mit dem Wasser auf und scheiden es über ihre dicken, mit Wachs überzogenen Blätter aus. Andere haben Wurzeln, die das Salz schon beim Aufnehmen des Wassers herausfiltern.

Meine Wurzeln wurzeln ... in Schlamm, Sand oder Torfboden. Und unter Wasser, wo sie ein dichtes Netz bilden, das fruchtbaren Boden festhält und verhindert, dass er weggespült wird. Damit schützen Mangrovenwälder die Küsten vor Überschwemmungen und Tsunamis und werden deshalb inzwischen auch als Schutzwälle gepflanzt. Ingenieurinnen und Ingenieure bauen außerdem Flutbarrieren, die meinen Wurzeln nachempfunden sind, und auf vergleichbare Weise funktionieren. Cool!

Meine Wurzeln, Stämme und Kronen bieten vielen Tieren ein Zuhause. Kleine Fische, Krebse und Muscheln verstecken sich im Wasser zwischen meinen Wurzeln. Affen, Echsen, Schlangen und Vögel fühlen sich auf meinen Ästen wohl. In manchen Teilen von Indien und Bangladesch schleicht sogar der Bengalische Tiger durch die Mangrovenwälder. ROARRR!

Auch meine Art, Salz aus Wasser herauszufiltern, ist für euch Menschen sehr interessant. Ingenieurinnen und Ingenieure erfanden nach meinem Vorbild Pumpen, die Salzwasser in wertvolles Süßwasser umwandeln. **Ein Forschungsteam baute sogar eine künstliche Mangrove voller kleiner Schläuche, die Salz ausfiltern. Mangrovastisch!**

… Wasserschlauchgewächs …

ADIOS, MOSKITOS!

Jede meiner ballonartigen, hohlen Sprossen ist mit einer elastischen Klappe verschlossen, die hochempfindliche Borsten hat. Sobald ein sehr kleines Tier, wie eine Fliege oder eine Kaulquappe, die Klappe berührt, springt sie auf und die Blase im Inneren saugt die Beute und das sie umgebende Wasser ein. Und sofort schließt sich die Klappe wieder. Das alles passiert innerhalb von 1 bis 2 Millisekunden – schneller als du blinzeln kannst.

Amerikanische Forschende kopieren meine tödliche Gestalt, um Mückenfallen zu bauen, denn Mücken übertragen schlimme Krankheiten wie Malaria. Sie bauen große Ballonfallen, die mit Sonnenenergie betrieben werden und UPods heißen. Sie schwimmen auf dem Wasser und fangen große Mengen von Mückenlarven, bevor sie sich entwickeln können. UPods saugen die Larven mit dem Wasser ein, töten sie und leeren sich rasch, um gleich wieder neue Larven einzufangen.

Ich dagegen bin nicht solarbetrieben und brauche Zeit, um die Larven zu verdauen. Nach 1 bis 2 Stunden habe ich die Beute in meiner Blase zersetzt und bin wieder bereit für die Jagd.

... Akazie ...

SCHÄDLINGSBEKÄMPFERIN

Ich bin ein großer Baum voller Stacheln, auf dem Vögel Schatten finden. Forscherinnen und Forscher studieren mich, weil sie umweltfreundlichere Pflanzenschutzmittel entwickeln wollen. In der Landwirtschaft besprüht man die Felder oft mit chemischen Mitteln, um Pflanzen vor Schädlingen zu schützen. Manche davon schaden jedoch anderen Lebewesen, reichern sich im Boden an und verschmutzen die Gewässer.

Neben Stacheln habe ich noch andere clevere Schutzmechanismen. So erzeuge ich Tannine (Gerbstoffe), durch die meine Blätter bitter schmecken. Und wenn eine Giraffe oder ein anderes Tier an mir knabbert, verströme ich das Gas Ethylen, das bis zu 45 Meter weit fliegt und andere Akazien warnt, sodass auch sie mehr Tannine produzieren und ihre Blätter schnell bitter werden lassen.

Manche Akazienarten haben noch einen anderen Trick: Mit ihrem klebrig-süßen Nektar machen sie Ameisen zu ihren Sklavinnen. Ein bestimmter Inhaltsstoff macht es ihnen unmöglich, etwas anderes zu fressen. Deshalb bleiben sie auf den Akazien und verteidigen sie entschlossen gegen andere Insekten und pflanzliche Parasiten. Genial, oder?!

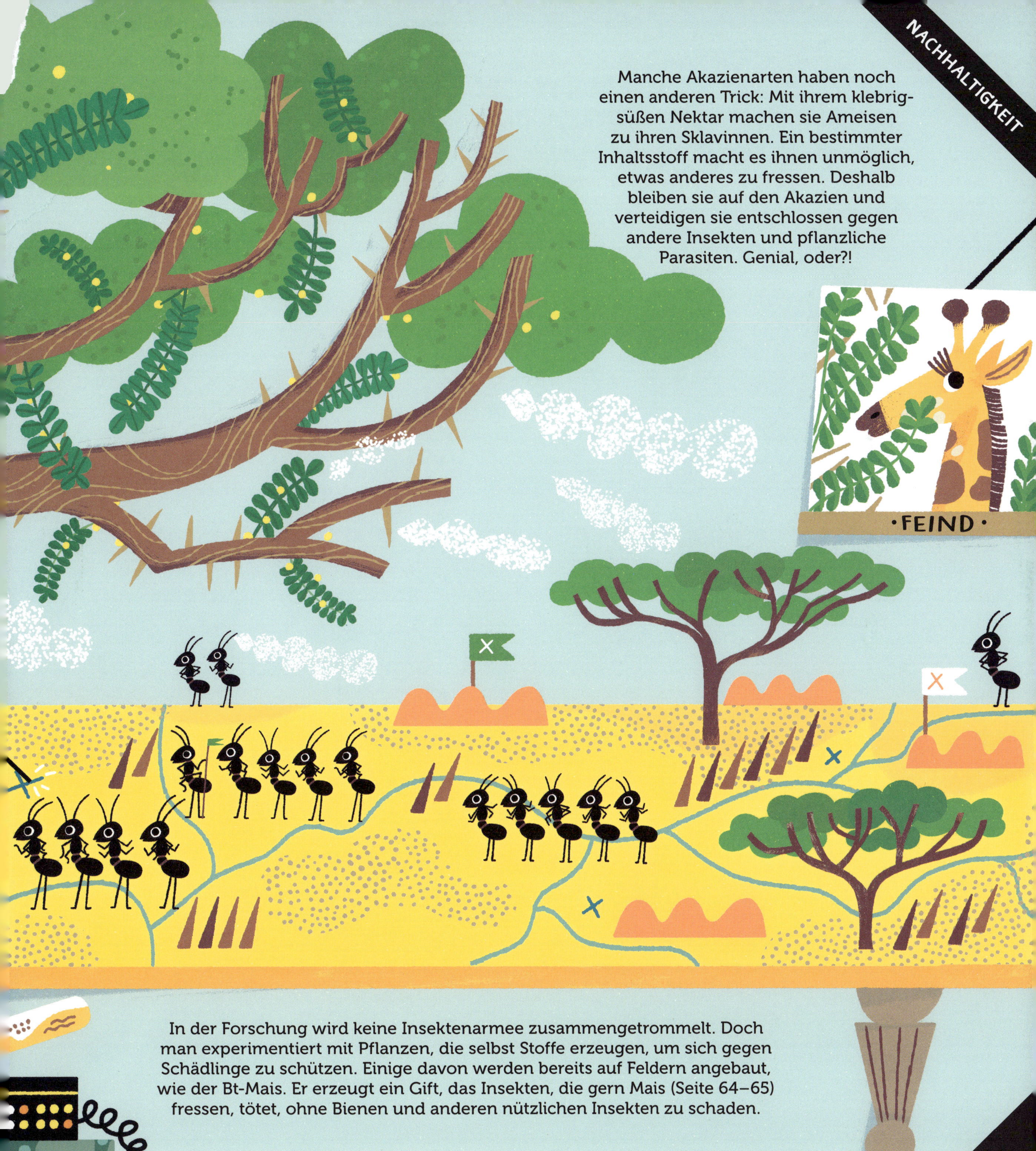

In der Forschung wird keine Insektenarmee zusammengetrommelt. Doch man experimentiert mit Pflanzen, die selbst Stoffe erzeugen, um sich gegen Schädlinge zu schützen. Einige davon werden bereits auf Feldern angebaut, wie der Bt-Mais. Er erzeugt ein Gift, das Insekten, die gern Mais (Seite 64–65) fressen, tötet, ohne Bienen und anderen nützlichen Insekten zu schaden.

KAKTEEN-KUMPEL

Kakteen zählen zu den interessantesten Pflanzen unseres Planeten. Sie überleben an sehr trockenen Orten, indem sie das wenige Wasser, das sie erreicht, über lange Zeiträume speichern. Es gibt über 1500 Arten. Wie helfen sie, neue Methoden des Wasserspeicherns zu entwickeln, Umweltverschmutzung zu bekämpfen und auf nachhaltige Weise Energie zu erzeugen?

Kaktuswurzeln SUPERSAUGER

Viele von uns Kakteen besitzen flache Wurzeln, die nur wenige Zentimeter tief in den Boden eindringen. Dafür breiten sie sich weit aus, um ja jeden Tropfen Feuchtigkeit zu erwischen. Bei langen Dürren schrumpfen die Wurzeln. Dadurch entstehen Luftblasen, die verhindern, dass Wasser aus der Pflanze in den Boden entweicht.

Forscherinnen und Forscher in Südkorea kopierten unsere genialen Wurzeln. Sie entwickelten ein CRIM genanntes Material, das Wasser 930-mal schneller aufsaugt als verliert. CRIM könnte auf trockenen Feldern Wasser speichern, oder aber in Medizin und Industrie als Super-Schwamm verwendet werden.

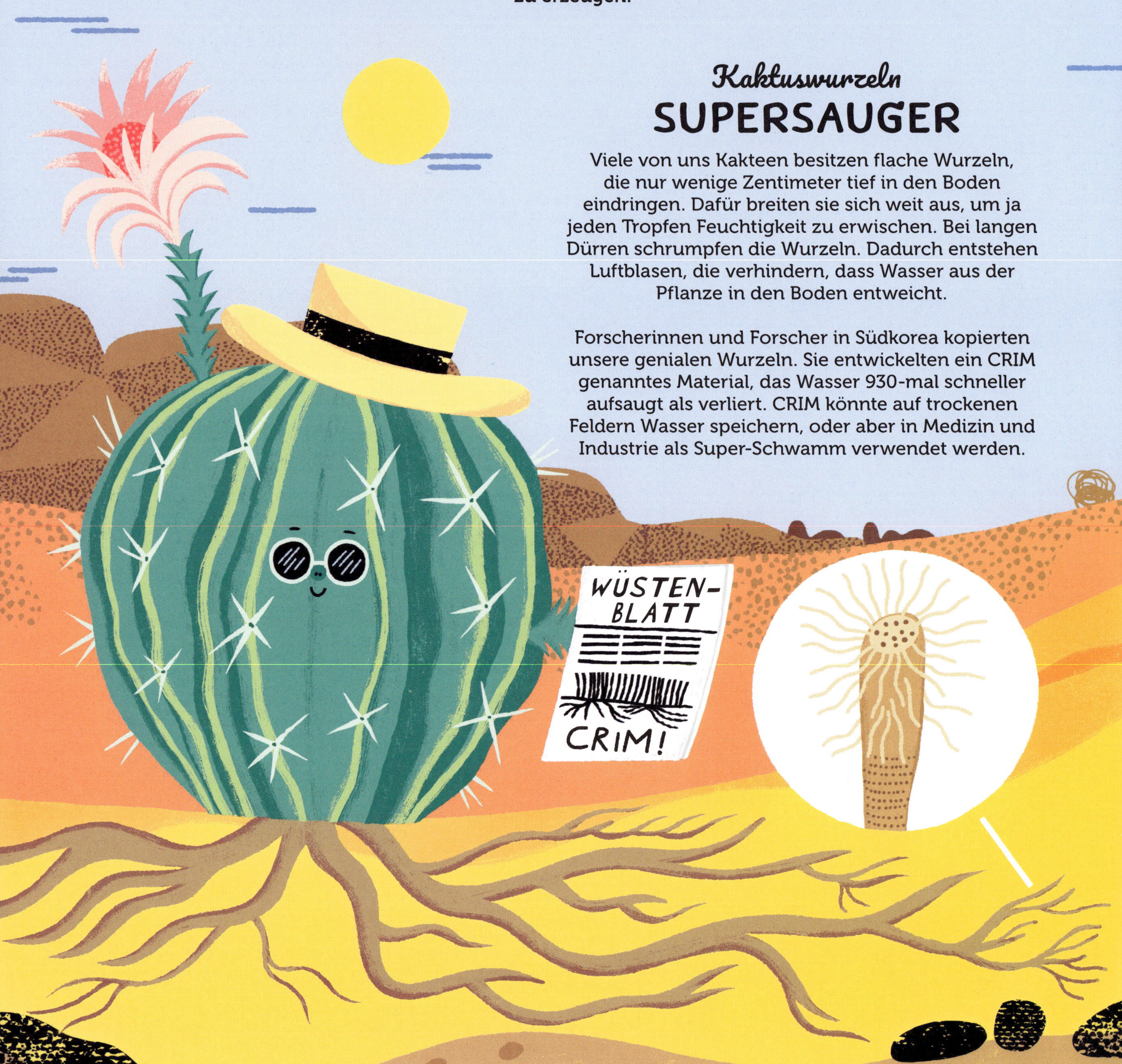

Feigenkaktus

RESTLOS GLÜCKLICH

Ich werde bis zu 7 Meter hoch. In Mexiko isst man mich in Salaten, oder man macht aus mir Mehl für Tortillas. Die nicht essbaren Reste wurden früher einfach weggeworfen. Heute aber vermischt man sie mit Kuhmist (Puh!) und lässt sie in großen Tanks vergären, um Bioethanol herzustellen, das als Treibstoff für Fahrzeuge dient.

Hasenohr-Kaktus

SCHLAUE STACHELN

Ich bin ein amerikanischer Kaktus ohne Stängel oder Blätter. Stattdessen bilde ich flache, ovale Triebe aus, die zuerst rot sind und später dunkelgrün werden. Sie sind mit feinen kegelförmigen Stacheln besetzt, die Wassertropfen aus der Luft herausziehen. In China entwickeln Forscherinnen und Forscher nach meinem Vorbild künstliche Stacheln, die Wasser und Öl voneinander trennen, um etwa Meere nach Ölkatastrophen zu reinigen. Oh, wie ich mich auf erste Erfolgsmeldungen freue!

... Flachs ...

CLEVERER KLEBER

Apropos Holz: Sperrholz und Faserplatten sind beliebte Baumaterialien. Sie bestehen aus einer fest zusammengepressten Mischung aus kleinen Holzstücken und Leim. Der Leim wird aus Erdöl gewonnen, aus dem man auch Benzin herstellt. Er ist ungefährlich, solange er in den Platten eingeschlossen ist. Doch wenn sich die Platten mit der Zeit zersetzen, kann er Schaden anrichten.

Chemikerinnen und Chemiker suchen in der Natur nach einer besseren Lösung. Sie machen aus mir und meinem Leinöl einen Leim, der ungiftig und biologisch abbaubar ist. Er sieht wie Honig aus und braucht 10 Minuten, um auszuhärten. Danach hält er alles wunderbar zusammen. **Wenn sich die Verwendung von biologisch abbaubarem Leim bewährt, wird sich Sperrholz viel besser entsorgen und recyceln lassen.**

Schwimmfarn

REIBUNGSLOSE SACHE

Ich bin ein im Wasser treibender Farn und eigentlich ein Unkraut. Von meiner Heimat Brasilien aus habe ich mich in Nord- und Südamerika weit ausgebreitet. Ich dümple auf ruhigem Wasser so vor mich hin und vermehre mich rasend schnell. Ich brauche nicht lange, um ganze Teiche und Flüsse zu überwuchern. Meine dichten Blätter bilden bis zu 50 oder 60 Zentimeter dicke Matten. Sie verhindern, dass Sonnenlicht die Wasserpflanzen unter mir erreicht, und stören mit ihrer Anwesenheit den Schiffsverkehr.

Dabei müssen Boote und Schiffe schon gegen die Reibungskräfte des Wassers ankämpfen. Mehr als die Hälfte der Kraft, die ein großes Containerschiff auf seiner Fahrt aufwendet, geht durch Reibung verloren. Könnte man die Reibung verringern, würden Schiffe weniger Energie verbrauchen. Und weißt du was? Ich könnte bei der Lösung dieses Problems helfen.

An der Unterseite meiner Blätter schließe ich Luft ein. Das mache ich mit speziellen Pflanzenhaaren, die wie Quirle aussehen! Ihre Spitzen ziehen das Wasser an, während es der restliche Teil jedes Haars wieder wegschiebt. Dadurch entsteht unter mir eine Luftschicht, die mir Auftrieb gibt und mir ermöglicht, mit wenig Reibung durch Wasser zu gleiten.

Inzwischen wurde eine Folie mit Härchen entwickelt, mit der man Schiffsrümpfe beschichtet. Dadurch entsteht um den Schiffsrumpf herum eine dünne Luftschicht, mit der das Schiff leichter durch das Wasser gleitet. **So verbraucht es viel weniger Treibstoff. Wahnsinn!**

··· Mais ···

MAIS-TERHAFTES MATERIAL

Ich bin ein großes und stolzes Mitglied der Familie der Süßgräser und ernähre unzählige Menschen. Jahrtausendelang wurde ich nur in Mexiko und Mittelamerika angebaut und gegessen. Als vor 500 Jahren Kolumbus und später weitere Seefahrer in meine Heimat kamen, gefiel ich ihnen so gut, dass sie mich mit nach Hause nahmen. Auf den Bauernhöfen in Europa, Afrika und Asien war ich ein Riesenerfolg!

Heute wird weltweit mehr Mais angebaut als Reis oder Weizen. Zusammengelegt würden sämtliche Maisfelder auf der Erde 3,4-mal mehr Fläche einnehmen als Deutschland! Ich diene meist als Futtermittel für Nutztiere, doch stellt man aus mir auch Cornflakes und Tortillas her sowie Bioethanol für Treibstoffe und Maissirup für die Süßigkeitenindustrie. Wenn man die Körner mancher Maissorten stark erhitzt, macht es ... POP! Und schon gibt es Popcorn!

Ohne zu prahlen, kann ich dir verraten, dass meine besten Zeiten erst noch kommen. Denn aus mir werden plastikähnliche Materialien für Verpackungen sowie Einweggeschirr und -besteck entwickelt. Normales Plastik besteht aus Erdöl und es dauert Hunderte von Jahren, bis es zerfällt. Dadurch entsteht ein RIESIGES Müllproblem. Die aus mir hergestellten Materialien dagegen sind vollständig abbaubar und verrotten genauso wie andere Pflanzen. Dafür müssen sie allerdings auf bestimmte Weise kompostiert werden: Mit Druck und feuchter Hitze verrotten Produkte aus Maisstärke in nur 3 Monaten!

Das Ziel ist, aus mir Materialien herzustellen, die sich auch unter anderen Bedingungen rasch zersetzen lassen. **Wenn das gelingt, wäre ich ein wahrhaft MAIS-TERLICHES Material!**

... Klette ...

ANHÄNGLICHE FREUNDIN

Ich bin eine Pflanze, deren Samenkapseln gern auf Reisen gehen. Sie werden Kletten genannt und hängen sich mit ihren zahlreichen Häkchen an Tierfell und Kleidung. Auf diese Weise legen sie weite Strecken zurück und breiten sich aus ... sozusagen per Anhalter!

Als der Schweizer Ingenieur Georges de Mestral 1948 einen Waldspaziergang machte, hefteten sich einige Kletten an seine Hose aus Wollstoff und an das Fell seiner Hündin Milka. Zu Hause sah er sich die anhänglichen Samenkapseln unter dem Mikroskop an und entdeckte all die Häkchen. Das brachte ihn auf eine Idee.

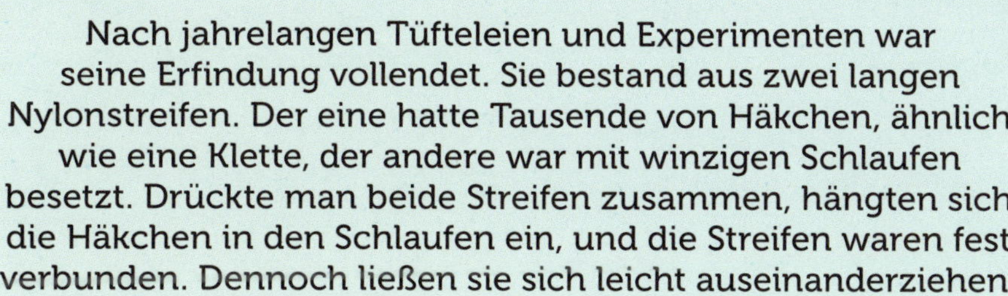

Nach jahrelangen Tüfteleien und Experimenten war seine Erfindung vollendet. Sie bestand aus zwei langen Nylonstreifen. Der eine hatte Tausende von Häkchen, ähnlich wie eine Klette, der andere war mit winzigen Schlaufen besetzt. Drückte man beide Streifen zusammen, hängten sich die Häkchen in den Schlaufen ein, und die Streifen waren fest verbunden. Dennoch ließen sie sich leicht auseinanderziehen.

Georges nannte seine Erfindung Velcro und bezeichnete sie als Alternative zu Reißverschlüssen, Knöpfen und Schnürsenkeln. Besonders für die Entwicklung von Weltraumanzügen war das praktisch, doch auch im Alltag auf der Erde setzten sich die Klettverschlüsse durch. **Bald verkaufte er 55 Millionen Meter Klettverschluss im Jahr! Brillant!**

··· *Kannenpflanze* ···

GLITSCHIGER VIELFRAß

Vorsicht! Ich bin ein wirklich schlüpfriger Zeitgenosse. Ich locke nichts ahnende Spinnen, Schnecken und Insekten auf meine Spezialblätter, die sich zu röhrenartigen Fallen entwickelt haben. Meine Beutetiere kommen gierig angeflogen oder kriechen herbei, um meinen süß duftenden und noch süßer schmeckenden Nektar zu naschen. Doch am Rand meiner Fallen angekommen, verlieren sie den Halt und stürzen hinein. Ups!

Für die meisten von ihnen gibt es kein Zurück. Denn die Innenseite der Falle ist hauchdünn mit einer wachsartigen Flüssigkeit überzogen. Winzige Rillen tragen dazu bei, dass die Oberfläche extrem rutschig ist. Kaum ein Tier kann daran hochklettern. Die meisten landen in der sauren Flüssigkeit unten in der Blatt-Falle, wo ich sie genüsslich verdaue. Mmmh!

Ich bin in tropischen Regionen von Asien und Australien zu Hause und gedeihe meist in sehr sauren Böden. Meiner Gattung gehören über 140 Arten an. Meine größte Verwandte Nepenthes attenboroughii wurde nach dem berühmten Naturforscher David Attenborough benannt. Sie wird bis zu 1,5 Meter hoch und fängt sogar Mäuse, Frösche und Eidechsen. Wow!

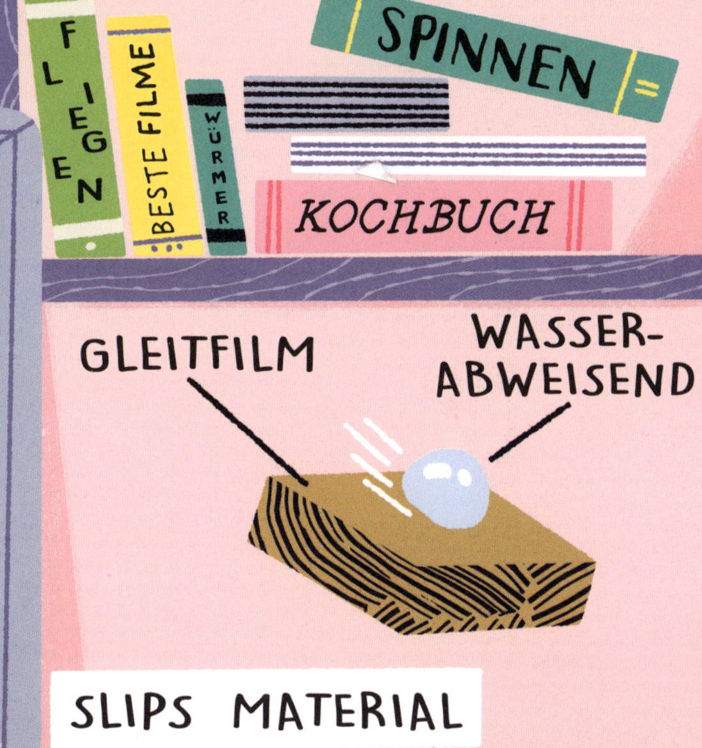

Die superglatten Innenseiten meiner Kannen regten amerikanische Forschende zur Entwicklung von SLIPS an, ein Material aus feinen feuchten Fasern. Es verhält sich abweisend gegen Wasser, Öl, Schmutz und Bakterien. Man könnte daraus medizinische Instrumente herstellen, die super sauber sind, oder auch Fenster und Brillengläser, die nicht beschlagen. **Wenn diese Dinge euren Alltag erleichtern, könnt ihr mir dafür danken!**

··· Guayule ···
GUMMIWUNDER

Ich bin eine unscheinbare Wüstenpflanze. Auf den ersten Blick sieht man mir nicht an, dass ich etwas sehr Wertvolles enthalte: natürliches Gummi.

Synthetisches Gummi wird aus Öl hergestellt. Doch es ist nicht so stabil wie das Gummi aus dem Saft tropischer Kautschukbäume. Die Reifen von Lastwagen und Flugzeugen müssen viel natürliches Gummi enthalten, weil sie schwere Lasten tragen. Mein Gummi eignet sich dafür am besten, denn es ist besonders fest und e l a s t i s c h. Also sogar besser als das der Kautschukbäume! Und dazu noch allergenfrei. Deshalb kann man daraus auch Handschuhe und Schutzanzüge herstellen, die keinen Ausschlag verursachen.

Ich gedeihe unter der heißen Sonne Mexikos und im Süden der USA. Meine Wurzeln breiten sich unter der Erde weit aus, um jedes Tröpfchen Wasser aus dem Boden zu saugen. Meine schmalen graugrünen Blätter werden durch eine weiße Wachsschicht vor dem Austrocknen geschützt. Anders als die feuchtigkeitsliebenden Kautschukbäume kann ich also auch in sehr trockenen Gegenden angebaut werden.

Außerdem wachse ich viel schneller als Kautschukbäume. Nach nur 2 oder 3 Jahren werde ich geerntet. Bei anderen Bäumen dauert es bis zu viermal so lang, bis sie Gummi liefern. Forschende arbeiten an der Entwicklung noch wirkungsvollerer Methoden, um das Gummi aus mir herauszulösen. **Sobald sich diese bewährt haben, können in Wüsten Guayule-Plantagen entstehen und Autos fahren dann mit Guayule-Gummireifen. Wie cool!**

MEGA-MATERIALIEN

Es ist erstaunlich, was man jetzt schon alles mit und aus Pflanzen machen kann. Dabei ist das erst der Anfang. Forscherinnen und Ingenieure entwickeln ständig bahnbrechende neue Materialien aus unserem Holz, unseren Fasern, Früchten und Blüten. Wer weiß, was die Zukunft noch bringt!

Melaleuca quinquenervia

BETON AUS HOLZ

Ich bin ein aus Australien stammender immergrüner Baum mit langen stacheligen Blüten und habe mich als ungebetener Gast auch in den USA ausgebreitet. Inzwischen haben mich amerikanische Forschende aber zu schätzen gelernt. Sie zerkleinern mein Holz, weichen es in Chemikalien ein und gewinnen so ein Material, das steinhart ist wie Beton. Es ist zu 70 Prozent leichter als normaler Beton und wirkt wärme- und schalldämpfend. In Florida wurde bereits ein Haus daraus gebaut!

Ananas

BLATTLEDER

Außen stachelig, innen saftig – meine Frucht ist in aller Welt beliebt. An meine Blätter habt ihr Menschen allerdings lange keine Gedanken verschwendet. Jahr für Jahr habt ihr 40.000 Tonnen Ananasblätter einfach weggeworfen. Bis man Piñatex erfand! Das ist ein Lederersatz, der aus meinen Blattfasern und einem Harz besteht, das PLA heißt und aus Mais (Seite 64–65) und Zuckerrohr (Seite 34–35) oder Zuckerrüben hergestellt wird. Es fühlt sich wie weiches Leder an und wird bereits zu Taschen und Schuhen verarbeitet.

Seidenpflanze

UNGLAUBLICH ISOLIEREND

Ich bin eine mehrjährige Pflanze, deren rosa Blüten viele bunte Schmetterlinge anlocken. Meine winzigen Samen hängen an feinen weißen Fasern, mit denen sie davonfliegen, sobald sie reif sind. Forscherinnen und Forscher fanden heraus, dass diese Fasern sehr wirksam Wärme isolieren, bis zu sechsmal besser als Wolle. Deshalb würden sie sich hervorragend als Füllung für warme Winterjacken und Schlafsäcke eignen. Das ist echt heiß!

PFLANZEN-ERFINDUNGS-LABOR

Laufend werden Pflanzen auf ihre besonderen Eigenschaften getestet. Denn wer weiß? Vielleicht finden wir in Zukunft noch viel mehr geniale Power-Pflanzen!

Spritzgurke

SAMENPISTOLE

Ich schieße meine Samen bis zu 8 Meter weit, damit sie mehr Platz haben, wenn sie wachsen. Könnte meine Druckerzeugungs-Technik zeigen, wie man Maschinen mit Mega-Energieschüben versorgt?

Reis

KRAFTPROTZ

Es laufen Versuche, um mit den nassen Feldern, auf denen ich wachse, Energie zu gewinnen. Beim Wachsen produziere ich mehr Zucker, als ich brauche, und gebe den Überschuss an den Boden ab. Dort zerfällt er und erzeugt Elektronen. Könnten diese in Elektrizität umgewandelt werden?

Seerose

SCHWIMMBLÄTTER

70 Prozent der Erdoberfläche sind von Wasser bedeckt. Wenn wir immer mehr Menschen werden, müssen wir eines Tages vielleicht Städte auf Wasser bauen. Könnten Menschen auf riesigen Plattformen wohnen, die wie Seerosenblätter aufgebaut sind?

Oregano

NATÜRLICHES KONSERVIERUNGSMITTEL

Ich bin ein beliebtes Küchengewürz. Aber ich schmecke nicht nur gut, ich enthalte auch eine kraftvolle Mischung von natürlichen Stoffen, die Bakterien und andere Keime bekämpfen. Könnte man mit mir Lebensmittel auf natürliche Weise haltbar machen?

REGISTER